While every precaution has been taken in the prepa
the publisher assumes no responsibility for errors or omissions, or for
damages resulting from the use of the information contained herein.

KÜNSTLICHE INTELLIGENZ IN DER KREATIVBRANCHE

First edition. August 15, 2024.

Inhaltsverzeichnis

Herzlich willkommen zum Kurs:

"Künstliche Intelligenz in der Kreativbranche"

von LucieArt

Inhalt

Modul 1: Einführung

Willkommen zum ersten Modul des Kurses „Künstliche Intelligenz in der Kreativbranche". Dieses Modul dient als umfassende Einführung in die grundlegenden Konzepte der Künstlichen Intelligenz, auch bekannt als KI, und untersucht, wie diese Technologie kreative Prozesse in verschiedenen künstlerischen Bereichen revolutioniert. Von der Musikproduktion über bildende Kunst bis hin zu Design und Film – KI hat das Potenzial, das kreative Schaffen grundlegend zu verändern. Doch bevor wir uns den spezifischen Anwendungsfällen widmen, ist es wichtig, ein tiefes Verständnis dafür zu entwickeln, was KI eigentlich ist und wie sie funktioniert.

Künstliche Intelligenz beschreibt die Fähigkeit von Maschinen, Aufgaben zu erfüllen, die normalerweise menschliche Intelligenz erfordern. Diese Aufgaben umfassen eine Vielzahl von Tätigkeiten, wie das Erkennen von Mustern, das Treffen von Entscheidungen, das Verstehen und Generieren natürlicher Sprache und vieles mehr. KI stützt sich auf Algorithmen und Modelle, die es Maschinen ermöglichen, aus großen Mengen von Daten zu lernen und sich an neue Situationen anzupassen. Dieser Lernprozess wird als maschinelles Lernen bezeichnet und ist ein zentraler Bestandteil der KI. Maschinelles Lernen ermöglicht es Systemen, ihre Leistung kontinuierlich zu verbessern, indem sie Erfahrungen aus vergangenen Daten nutzen, um bessere Entscheidungen in der Zukunft zu treffen.

Das maschinelle Lernen selbst kann in verschiedene Kategorien unterteilt werden, je nachdem, wie der Lernprozess abläuft. Überwachtes

Lernen ist eine Methode, bei der die Maschine mit einem Datensatz trainiert wird, der sowohl Eingabedaten als auch die entsprechenden Ausgabedaten enthält. Die Maschine lernt, die Beziehung zwischen den Eingaben und den Ausgaben zu verstehen, um bei neuen, unbekannten Eingaben eine korrekte Vorhersage der Ausgaben zu treffen. Diese Methode wird häufig für Aufgaben wie Klassifikation und Regression verwendet. Ein Beispiel für überwachsenes Lernen in der Kreativbranche wäre ein System, das lernt, Bilder von Gemälden verschiedenen Stilen zuzuordnen, basierend auf einem Trainingsdatensatz, der Kunstwerke und ihre zugehörigen Stile enthält.

Unüberwachtes Lernen ist eine Methode, bei der die Maschine nur mit Eingabedaten ohne explizite Ausgabedaten trainiert wird. Hier versucht die Maschine, Muster oder Strukturen in den Daten zu erkennen, ohne dass sie vorherige Kenntnisse über die richtige Antwort hat. Diese Methode wird häufig für Aufgaben wie Clustering und Dimensionsreduktion verwendet. In der Kreativbranche könnte unüberwachtes Lernen genutzt werden, um neue künstlerische Stile zu entdecken, indem das System Kunstwerke analysiert und Muster oder Ähnlichkeiten zwischen verschiedenen Werken identifiziert.

Eine weitere wichtige Methode ist Verstärkendes Lernen. Hier lernt die Maschine durch Interaktion mit einer Umgebung, indem sie Belohnungen für richtiges Verhalten erhält und Strafen für falsches Verhalten. Diese Methode wird häufig für Aufgaben verwendet, bei denen es darum geht, eine Abfolge von Entscheidungen zu treffen, wie zum Beispiel beim Training von KI-Systemen für Spiele oder bei der Steuerung von Robotern. Im kreativen Bereich könnte verstärkendes Lernen genutzt werden, um ein KI-System zu trainieren, das lernt, eine künstlerische Aufgabe zu erfüllen, wie das Malen eines Bildes oder das Komponieren eines Musikstücks, indem es Feedback von Menschen erhält.

KI lässt sich auch in zwei Hauptkategorien unterteilen: Schwache KI, auch als enge oder spezialisierte KI bekannt, und starke KI.

Schwache KI ist darauf ausgelegt, spezifische Aufgaben sehr gut zu erfüllen und ist in vielen Bereichen unseres Lebens bereits weit verbreitet. Beispiele dafür sind Sprachassistenten wie Siri oder Alexa, die in der Lage sind, Sprachbefehle zu erkennen und auszuführen, oder Empfehlungssysteme, die uns helfen, Filme, Musik oder Produkte zu entdecken, die uns interessieren könnten. Diese Systeme sind auf eine eng umgrenzte Funktionalität spezialisiert und verfügen nicht über ein allgemeines Verständnis oder Bewusstsein für die Welt. Starke KI hingegen wäre in der Lage, allgemeine Intelligenzleistungen zu erbringen, ähnlich wie ein Mensch. Sie könnte Aufgaben in verschiedenen Domänen verstehen und ausführen, selbstständig lernen, neue Konzepte entwickeln und kreativ denken. Allerdings existiert starke KI bisher nur theoretisch und ist Gegenstand intensiver Forschung.

Ein Rückblick in die Geschichte der Künstlichen Intelligenz zeigt, wie weit wir auf diesem Gebiet bereits gekommen sind. Die Grundlagen für die heutige KI-Forschung wurden bereits in den 1950er Jahren gelegt, als Wissenschaftler wie Alan Turing sich mit der Frage beschäftigten, ob Maschinen denken können. Turing entwickelte den berühmten Turing-Test, der bis heute als ein Maßstab dafür gilt, ob eine Maschine in der Lage ist, menschliches Verhalten so gut zu imitieren, dass ein menschlicher Beobachter nicht mehr zwischen Mensch und Maschine unterscheiden kann.

Die Entwicklung der KI hat in den vergangenen Jahrzehnten bedeutende Fortschritte gemacht. Die 1950er und 1960er Jahre waren geprägt von der Entwicklung erster symbolischer KI-Systeme, die auf dem Lösen von Problemen durch symbolische Repräsentationen und Regeln basierten. Diese frühen KI-Systeme waren jedoch begrenzt in ihrer Leistungsfähigkeit und stießen schnell an ihre Grenzen, was zu einer Phase führte, die als „KI-Winter" bezeichnet wird. Diese Phasen des KI-Winters waren geprägt von enttäuschenden Ergebnissen, die weit hinter den hochgesteckten Erwartungen zurückblieben, was zu einer

Reduktion der finanziellen Mittel und des Interesses an der KI-Forschung führte.

Trotz dieser Rückschläge setzte sich die Forschung im Bereich des maschinellen Lernens fort. In den 1980er Jahren erlebte die KI-Forschung mit der Entwicklung von Expertensystemen einen neuen Aufschwung. Diese Systeme basierten auf festgelegten Regeln und waren in der Lage, spezifische Probleme in Bereichen wie der medizinischen Diagnose oder im Finanzwesen zu lösen. Expertensysteme waren jedoch ebenfalls begrenzt, da sie nicht in der Lage waren, über die ihnen vorgegebenen Regeln hinaus zu lernen oder neue Informationen zu verarbeiten, die nicht in ihren Regelwerken enthalten waren.

Die 1990er Jahre brachten dann den Durchbruch des maschinellen Lernens und insbesondere der neuronalen Netze. Neuronale Netze sind lose nach dem Vorbild des menschlichen Gehirns modelliert und ermöglichen es Maschinen, aus großen Datenmengen zu lernen und komplexe Muster zu erkennen. Diese Technologie bildete die Grundlage für viele der KI-Systeme, die wir heute in unserem Alltag nutzen. Mit der Weiterentwicklung der Rechenleistung und der Verfügbarkeit großer Datenmengen, insbesondere durch das Internet, erlebte das maschinelle Lernen in den 2000er Jahren einen weiteren Aufschwung. Diese Fortschritte führten zur Entwicklung von Tiefenlernen, einer speziellen Form des maschinellen Lernens, die auf tiefen neuronalen Netzen basiert. Tiefenlernen hat in vielen Bereichen zu bahnbrechenden Fortschritten geführt, insbesondere in der Bilderkennung, Sprachverarbeitung und automatisierten Übersetzung.

Heute ist Künstliche Intelligenz in vielen Bereichen unseres Lebens allgegenwärtig. Von der medizinischen Diagnostik über autonomes Fahren bis hin zu personalisierten Empfehlungen auf Streaming-Plattformen – KI hat bereits einen tiefgreifenden Einfluss auf unser tägliches Leben. Besonders spannend ist jedoch der Einfluss von KI auf die Kreativbranche. Hier wird KI zunehmend eingesetzt, um kreative Prozesse zu unterstützen, zu erweitern und völlig neue Wege des künstlerischen Schaffens zu eröffnen.

In der Musikproduktion zum Beispiel hat KI das Potenzial, die Art und Weise, wie Musik komponiert und produziert wird, grundlegend zu verändern. Künstliche Intelligenz kann Musikstücke komponieren, die in Stil und Struktur an menschliche Kompositionen erinnern. KI-Systeme wie AIVA, Amper Music oder Googles Magenta analysieren riesige Mengen an Musikdaten und nutzen dieses Wissen, um neue Melodien zu generieren, die sich harmonisch und stilistisch in ein bestimmtes Genre einfügen. Diese Technologien ermöglichen es Musikern und Produzenten, schnell und effizient neue musikalische Ideen zu entwickeln, die anschließend weiter verfeinert oder angepasst werden können.

Ein weiteres faszinierendes Anwendungsgebiet von KI in der Kreativbranche ist die bildende Kunst. Hier ermöglichen KI-Modelle wie DeepArt oder DALL-E die Erzeugung von Bildern, die auf bestehenden Kunststilen basieren oder völlig neue visuelle Konzepte schaffen. Diese Systeme analysieren Millionen von Kunstwerken, um die Merkmale und Stile verschiedener Künstler zu verstehen. Anschließend können sie eigene Kunstwerke generieren, die eine einzigartige Kombination aus verschiedenen Stilen darstellen oder sogar etwas völlig Neues schaffen. Diese Technologie eröffnet Künstlern völlig neue Möglichkeiten, ihre Kreativität auszudrücken und zu erweitern.

Im Designbereich kann KI ebenfalls eine wertvolle Unterstützung bieten. Beispielsweise können KI-gestützte Systeme automatisch Layouts und Designs erstellen, die auf den neuesten Trends und Best Practices basieren. Diese Systeme können auch Farbpaletten vorschlagen, die harmonisch und ansprechend sind, oder Muster und Formen generieren, die in einem bestimmten Kontext gut funktionieren. Designer können diese Vorschläge als Ausgangspunkt für ihre Arbeit nutzen und sie weiter anpassen, um ein einzigartiges und persönliches Endprodukt zu schaffen.

Dies spart Zeit und ermöglicht es Designern, sich auf die kreativeren Aspekte ihrer Arbeit zu konzentrieren.

Auch im Film- und Videobereich spielt KI eine immer größere Rolle. Die Technologie hat das Potenzial, den gesamten Produktionsprozess zu transformieren, von der Drehbucherstellung bis hin zur Postproduktion. KI kann dabei helfen, kreative Entscheidungen zu optimieren und die Effizienz bei der Produktion zu steigern. Eine der ersten Anwendungen von KI in der Filmbranche ist die Analyse von Drehbüchern. KI-Systeme können Drehbücher hinsichtlich ihrer Struktur, ihrer Charakterentwicklung und ihrer Handlung analysieren und Vorschläge zur Verbesserung machen. Solche Systeme nutzen Algorithmen, um Muster in erfolgreichen Drehbüchern zu erkennen und diese Erkenntnisse auf neue Drehbücher anzuwenden. Dies ermöglicht es Drehbuchautoren, ihre Arbeit zu verfeinern und sicherzustellen, dass sie den bewährten Prinzipien folgen, die in erfolgreichen Filmen identifiziert wurden.

Ein weiteres wichtiges Anwendungsfeld ist die automatisierte Bearbeitung von Videomaterial. KI kann dabei helfen, die besten Szenen für den finalen Schnitt auszuwählen, indem sie Emotionen und Reaktionen in den Aufnahmen analysiert. Diese Technologien nutzen Algorithmen zur Analyse von Bildinhalten und Ton, um herauszufinden, welche Szenen am wirkungsvollsten sind. Dies kann den Bearbeitungsprozess erheblich beschleunigen und die Entscheidungsfindung unterstützen, insbesondere bei Projekten, die eine große Menge an Filmmaterial umfassen.

KI-gestützte Systeme können auch bei der Farbkorrektur und der Tonbearbeitung eine Rolle spielen. Hierbei kommen Algorithmen zum Einsatz, die darauf trainiert sind, bestimmte Stile oder Stimmungen in der Farbgebung zu erkennen und anzupassen. Diese Technologien können automatisch Farbpaletten generieren, die eine bestimmte Atmosphäre erzeugen, oder Audioelemente so anpassen, dass sie besser zur visuellen Darstellung passen. Dies spart Zeit und Aufwand in der

Postproduktion und ermöglicht es den kreativen Teams, sich stärker auf den künstlerischen Aspekt der Arbeit zu konzentrieren.

Ein weiteres faszinierendes Gebiet ist die Verwendung von KI für visuelle Effekte und Animationen. KI kann dabei helfen, realistische Effekte zu erzeugen oder komplexe Animationen zu erstellen, die früher nur durch aufwändige manuelle Arbeit möglich waren. Mit Hilfe von KI können Animationen automatisiert generiert oder bestehende Animationen optimiert werden, um sie flüssiger und realistischer zu gestalten. Dies kann den Produktionsaufwand reduzieren und die Qualität der visuellen Effekte verbessern.

Auch die Personalisierung von Inhalten profitiert von KI-Technologien. Plattformen wie Netflix und YouTube verwenden KI, um Inhalte auf individuelle Vorlieben der Nutzer abzustimmen und personalisierte Empfehlungen zu geben. Diese Systeme analysieren das Sehverhalten der Nutzer und nutzen diese Daten, um Vorschläge zu machen, die auf den bisherigen Vorlieben basieren. Dies trägt dazu bei, das Zuschauererlebnis zu verbessern und die Nutzerbindung zu erhöhen.

Nicht zu unterschätzen ist die Rolle von KI bei der Erstellung von Deepfakes und synthetischen Medien. KI-Technologien ermöglichen es, realistische, aber künstlich erzeugte Inhalte zu erstellen, die in Film und Medienproduktion eingesetzt werden können. Diese Technologien ermöglichen es beispielsweise, Schauspieler digital zu verjüngen, sie in Szenen erscheinen zu lassen, die sie tatsächlich nicht gedreht haben, oder neue, fiktive Charaktere zu schaffen. Dies eröffnet neue kreative Möglichkeiten, bringt jedoch auch ethische Fragen mit sich, insbesondere hinsichtlich der Authentizität von Inhalten und der möglichen Missbrauchspotenziale.

Ein weiteres Thema, das im Zusammenhang mit KI im Film- und Videobereich relevant ist, ist die Automatisierung von Prozessen, die bisher viel menschliche Arbeitskraft erforderten. Hierzu zählen Aufgaben wie das Rotoscoping, bei dem Bildbereiche manuell bearbeitet werden, um sie von bewegten Objekten zu trennen. KI kann diesen

Prozess automatisieren, indem sie Objekte erkennt und trennt, was den Produktionsprozess erheblich beschleunigt und vereinfacht.

Es ist wichtig, auch die Herausforderungen und ethischen Fragestellungen zu berücksichtigen, die mit der Integration von KI in die Film- und Videoproduktion verbunden sind. Die Abhängigkeit von KI-Technologien kann dazu führen, dass bestimmte kreative Aspekte und die menschliche Note der Produktion verloren gehen. Es besteht auch die Gefahr, dass KI-generierte Inhalte nicht immer die gewünschte emotionale Tiefe oder Authentizität aufweisen, die durch menschliche Kreativität erreicht wird. Zudem gibt es Bedenken hinsichtlich der Urheberrechte und der Verantwortung für KI-generierte Inhalte. Wer ist verantwortlich, wenn ein KI-generiertes Werk ethische oder rechtliche Probleme aufwirft?

Die Frage der Urheberrechte für von KI erstellte Inhalte ist komplex. Wer besitzt die Rechte an einem Film, der teilweise oder vollständig von KI erstellt wurde? Der Entwickler der KI, der Nutzer oder derjenige, der die KI trainiert hat? Diese Fragen sind noch weitgehend ungeklärt und stellen eine Herausforderung für die rechtliche und ethische Handhabung von KI in der Medienproduktion dar.

Zusammenfassend lässt sich sagen, dass Künstliche Intelligenz bereits heute eine bedeutende Rolle im Film- und Videobereich spielt und sich in Zukunft wahrscheinlich weiterentwickeln wird. Die Technologie bietet zahlreiche Möglichkeiten zur Verbesserung und Optimierung des Produktionsprozesses, eröffnet neue kreative Wege und kann dazu beitragen, das Zuschauererlebnis zu bereichern. Gleichzeitig müssen jedoch auch die damit verbundenen Herausforderungen und ethischen Fragen berücksichtigt und adressiert werden. Ein fundiertes Verständnis der Möglichkeiten und der Grenzen der KI ist daher entscheidend, um die Technologie effektiv und verantwortungsvoll in der Film- und Videoproduktion einzusetzen.

Im nächsten Modul werden wir uns spezifisch mit der Anwendung von KI in der Musikproduktion befassen und untersuchen, wie diese

Technologie genutzt wird, um kreative Prozesse zu unterstützen und zu erweitern. Dabei werden wir konkrete Beispiele betrachten und die Chancen und Herausforderungen der KI in der Musikproduktion eingehender analysieren.

Modul 2: Überwachtes Lernen

Willkommen zum zweiten Modul unseres Kurses „Künstliche Intelligenz in der Kreativbranche". In diesem Modul werden wir uns intensiv mit dem Konzept des überwachten Lernens auseinandersetzen. Diese Technik gehört zu den zentralen Methoden im Bereich des maschinellen Lernens und wird verwendet, um Modelle zu trainieren, die aus Trainingsdaten lernen. Das Ziel des überwachten Lernens ist es, ein Modell zu entwickeln, das auf Basis von bekannten Eingaben und den zugehörigen korrekten Ausgaben Vorhersagen für neue, unbekannte Daten treffen kann.

Der erste Schritt im Prozess des überwachten Lernens ist die Sammlung der Daten. Die Qualität der gesammelten Daten ist entscheidend für die Leistungsfähigkeit des Modells. Die Daten können aus unterschiedlichen Quellen stammen, wie Datenbanken, Sensoren, Umfragen oder öffentlich verfügbaren Datensätzen. Um sicherzustellen, dass das Modell nützliche Vorhersagen treffen kann, müssen die Daten repräsentativ für das Problem sein, das gelöst werden soll. Bei der Datensammlung ist es wichtig, dass die Daten umfassend und vielfältig sind, um ein Modell zu trainieren, das auch in verschiedenen Szenarien gut funktioniert.

Nach der Datensammlung folgt die Phase der Datenaufbereitung. Hierbei werden die Daten sorgfältig bereinigt, um Fehler, Unregelmäßigkeiten und Inkonsistenzen zu entfernen. Dieser Prozess umfasst das Identifizieren und Entfernen von Duplikaten, das

Korrigieren von fehlerhaften Einträgen und das Vervollständigen fehlender Werte. Es können auch Fehler in den Daten wie Tippfehler oder inkonsistente Formatierungen korrigiert werden. Eine gründliche Datenbereinigung ist entscheidend, da fehlerhafte oder unvollständige Daten zu ungenauen Modellen führen können. Ein weiterer Schritt in der Datenaufbereitung ist das Handling fehlender Werte. Fehlende Werte können durch Schätzungen oder Imputationen ersetzt werden, um die Vollständigkeit des Datensatzes zu gewährleisten.

Ein wesentlicher Schritt nach der Bereinigung ist die Normalisierung oder Standardisierung der Daten. Normalisierung bedeutet, dass numerische Werte auf einen bestimmten Bereich skaliert werden, um sicherzustellen, dass alle Merkmale des Datensatzes gleich behandelt werden. Dies kann beispielsweise durch die Skalierung auf den Bereich zwischen null und eins erfolgen. Die Standardisierung bringt die Daten auf eine gemeinsame Skala, indem sie auf eine bestimmte Verteilung, meist mit Mittelwert null und Standardabweichung eins, umgewandelt werden. Dieser Schritt stellt sicher, dass alle Datenmerkmale gleich behandelt werden, was dem Modell hilft, effizienter zu lernen.

Nachdem die Daten aufbereitet sind, werden sie in zwei Hauptdatensätze aufgeteilt: den Trainingsdatensatz und den Testdatensatz. Der Trainingsdatensatz wird verwendet, um das Modell zu trainieren. Während des Trainingsprozesses wird das Modell auf die Trainingsdaten angepasst. Dieser Prozess erfolgt iterativ (also duch mehrfaches Wiederholen), wobei das Modell kontinuierlich verbessert wird, um die Differenz zwischen den Vorhersagen des Modells und den tatsächlichen Ausgaben zu minimieren. Zu den Algorithmen, die in dieser Phase verwendet werden können, gehören Entscheidungsbäume, neuronale Netze, Support Vector Machines und k-Nearest Neighbors. Jeder dieser Algorithmen hat seine spezifischen Vor- und Nachteile, die je nach Aufgabe und Datenstruktur abgewogen werden müssen.

Der Testdatensatz dient dazu, die Leistung des Modells zu bewerten. Dieser Datensatz besteht aus Daten, die das Modell während des Trainings nicht gesehen hat. Er wird verwendet, um zu überprüfen, wie gut das Modell auf neuen, unbekannten Daten funktioniert. Die Leistung des Modells wird durch verschiedene Metriken beurteilt, darunter Genauigkeit, Präzision, Recall und F1-Score. Die Genauigkeit misst den Anteil der korrekt klassifizierten Datenpunkte im Verhältnis zur Gesamtanzahl der Datenpunkte. Die Präzision gibt den Anteil der korrekten positiven Vorhersagen unter allen als positiv klassifizierten Ergebnissen an. Recall beschreibt den Anteil der tatsächlichen positiven Ergebnisse, die vom Modell korrekt identifiziert wurden. Der F1-Score ist das harmonische Mittel von Präzision und Recall und bietet eine umfassende Bewertung der Modellleistung.

Im überwachten Lernen unterscheiden wir zwei Hauptaufgaben: Klassifikation und Regression. Klassifikation bezieht sich auf die Aufgabe, Daten in vordefinierte Kategorien oder Klassen einzuordnen. Ein klassisches Beispiel für Klassifikation ist die Kategorisierung von E-Mails in „Spam" oder „Nicht-Spam". Diese Technik hilft, unerwünschte Nachrichten herauszufiltern und sorgt für eine effizientere Verwaltung des E-Mail-Verkehrs. In der medizinischen Diagnostik wird Klassifikation verwendet, um Symptome bestimmten Krankheitskategorien zuzuordnen, was die Diagnose und Behandlung der Patienten erleichtert. In der Bildverarbeitung ist Klassifikation wichtig für die Identifizierung von Objekten, wie zum Beispiel Tieren oder Fahrzeugen auf Bildern. In der Kreativbranche kann Klassifikation verwendet werden, um Kunstwerke nach Künstler, Epoche oder Stilrichtung zu kategorisieren. Dies erleichtert die Verwaltung und Präsentation von Kunstwerken und verbessert die Benutzererfahrung.

Regression befasst sich hingegen mit der Vorhersage kontinuierlicher Werte. Ein Beispiel für Regression ist die Schätzung des Preises eines Hauses basierend auf Merkmalen wie Größe, Lage und Anzahl der Zimmer. Regression wird auch genutzt, um zukünftige

Aktienkurse vorherzusagen, Wetterbedingungen abzuschätzen oder die Nachfrage nach Produkten zu prognostizieren. Diese Technik ist besonders nützlich, wenn es darum geht, quantitative Ergebnisse aus historischen Daten abzuleiten. Ein weiteres Beispiel für Regression ist die Vorhersage der zukünftigen Verkaufszahlen eines Produkts basierend auf historischen Verkaufsdaten.

In der kreativen Welt gibt es zahlreiche innovative Anwendungen für das überwachte Lernen. Ein Beispiel ist die automatische Klassifikation von Kunstwerken. Hierbei wird ein KI-Modell verwendet, um Kunstwerke nach verschiedenen Kriterien wie Künstler, Epoche oder Stilrichtung zu klassifizieren. Dies kann nicht nur die Verwaltung großer Kunstsammlungen erleichtern, sondern auch die Präsentation der Werke verbessern. Ein solches Modell hilft, Kunstwerke nach spezifischen Kategorien zu sortieren, was den Besuchern eine gezielte Suche ermöglicht und die Benutzererfahrung optimiert.

Ein weiteres Beispiel für den Einsatz des überwachten Lernens in der Kreativbranche ist die automatische Texterkennung und -klassifikation. Ein KI-Modell kann verwendet werden, um Texte nach Themen, Stilen oder Autoren zu klassifizieren. Diese Technik ist besonders nützlich für Redakteure, Autoren oder Journalisten, die große Mengen an Texten bearbeiten müssen. Die automatische Klassifikation spart Zeit und verbessert die Effizienz, indem sie relevante Informationen schneller findet und Texte besser organisiert. Diese Methode kann auch in der Literaturforschung eingesetzt werden, um Werke nach bestimmten literarischen Stilen oder Genres zu kategorisieren.

Ein zentrales Thema beim überwachten Lernen ist die Vermeidung von Überanpassung. Überanpassung tritt auf, wenn ein Modell zu stark an die Trainingsdaten angepasst ist und bei neuen, unbekannten Daten schlechtere Ergebnisse liefert. Um Überanpassung zu verhindern, werden Techniken wie Kreuzvalidierung und Regularisierung eingesetzt. Kreuzvalidierung teilt die Daten in mehrere Teilmengen auf und testet das Modell auf verschiedenen Kombinationen dieser Teilmengen. Dies hilft dabei, die Generalisierbarkeit des Modells zu überprüfen und sicherzustellen, dass es nicht nur auf den Trainingsdaten, sondern auch auf neuen Daten gut funktioniert. Regularisierung ist eine Technik, bei der zusätzliche Einschränkungen auf das Modell angewendet werden, um dessen Komplexität zu reduzieren. Zu den gängigen Regularisierungstechniken gehören L1- und L2-Regularisierung, die unterschiedliche Methoden zur Reduzierung der Modellkomplexität verwenden.

Neben den gängigen Algorithmen wie Entscheidungsbäumen, neuronalen Netzen und Support Vector Machines gibt es weitere Methoden im überwachten Lernen. Entscheidungsbäume sind einfach zu verstehen und bieten eine transparente Entscheidungsfindung. Sie erstellen eine Baumstruktur, bei der jeder Knoten eine Entscheidung basierend auf den Datenmerkmalen darstellt und die Blätter des Baums die finalen Klassifikationen anzeigen. Neuronale Netze bestehen aus mehreren Schichten von Neuronen und sind in der Lage, komplexe Muster und Zusammenhänge zu erkennen. Diese Methode ist besonders effektiv bei der Verarbeitung von Bild- und Sprachdaten. Support Vector Machines suchen nach der optimalen Trennungslinie oder -fläche zwischen verschiedenen Klassen von Daten. Diese Methode ist besonders nützlich bei klar getrennten Klassen und kann komplexe Entscheidungsgrenzen modellieren. Der k-Nearest Neighbors-Algorithmus ist eine weitere Methode, bei der neue Datenpunkte basierend auf der Ähnlichkeit zu den nächstgelegenen Punkten im Trainingsdatensatz klassifiziert werden. Diese Methode ist einfach zu implementieren, kann jedoch rechenintensiv sein, da die Ähnlichkeit für jeden neuen Datenpunkt berechnet werden muss.

Zusammenfassend lässt sich sagen, dass das überwachte Lernen viele Vorteile für die Kreativbranche bietet. Es ermöglicht präzise Vorhersagen und innovative Anwendungen auf Basis historischer Daten. Gleichzeitig sind Herausforderungen wie die Notwendigkeit großer Datenmengen und die Gefahr der Überanpassung zu beachten. Ein tiefgehendes Verständnis des überwachten Lernens ist daher entscheidend, um diese Technologie effektiv in kreativen Prozessen einzusetzen. Das Wissen über die verschiedenen Methoden und Techniken des überwachten Lernens hilft dabei, die passenden Algorithmen für spezifische Aufgaben auszuwählen und die Leistung der Modelle zu optimieren.

Im nächsten Modul werden wir uns mit dem unüberwachten Lernen beschäftigen. Diese Methode des maschinellen Lernens eröffnet zusätzliche Möglichkeiten und Herausforderungen und bietet neue Perspektiven für die Anwendung von Künstlicher Intelligenz in der Kreativbranche. Wir werden untersuchen, wie unüberwachtes Lernen zur Erweiterung kreativer Prozesse beitragen kann und welche konkreten Anwendungen und Chancen sich daraus ergeben.

Modul 3: Unüberwachtes Lernen

Willkommen im dritten Modul des Kurses „Künstliche Intelligenz in der Kreativbranche". In diesem Modul beschäftigen wir uns eingehend mit dem unüberwachten Lernen, einer bedeutenden Methode des maschinellen Lernens. Im Gegensatz zum überwachten Lernen, das mit vordefinierten Labels und Zielwerten arbeitet, befasst sich das unüberwachte Lernen mit unstrukturierten Daten, bei denen keine vorher festgelegten Ergebnisse vorhanden sind. Das Hauptziel des unüberwachten Lernens ist es, Muster, Strukturen oder Zusammenhänge in den Daten zu erkennen, ohne dass im Voraus definierte Ziele oder Labels vorliegen.

Der erste Schritt im unüberwachten Lernen ist die Datenaufbereitung. Diese Phase ist besonders wichtig, da die Qualität der Daten direkt die Ergebnisse der Analyse beeinflusst. Die Datenaufbereitung umfasst mehrere wichtige Aufgaben: Zunächst müssen die Daten bereinigt werden. Dies bedeutet, dass Fehler, Inkonsistenzen und Unregelmäßigkeiten in den Daten identifiziert und korrigiert werden müssen. Dazu gehört das Entfernen von doppelten Einträgen, die Korrektur fehlerhafter oder ungenauer Werte und die Handhabung fehlender Daten. Fehlende Werte können durch verschiedene Methoden ersetzt werden, wie zum Beispiel durch Interpolation, bei der fehlende Werte basierend auf benachbarten Datenpunkten geschätzt werden, oder durch Imputation, bei der statistische Methoden verwendet werden, um die fehlenden Werte zu schätzen.

Nach der Bereinigung der Daten folgt die Normalisierung. Dieser Schritt stellt sicher, dass alle Datenmerkmale auf einem einheitlichen Maßstab liegen. Die Normalisierung hilft dabei, Verzerrungen zu vermeiden, die durch unterschiedliche Maßeinheiten oder Skalen der Datenmerkmale entstehen können. Es gibt verschiedene Methoden zur Normalisierung. Eine gängige Methode ist die Skalierung der Daten auf einen bestimmten Bereich, zum Beispiel von null bis eins. Alternativ kann die Standardisierung durchgeführt werden, bei der die Daten so transformiert werden, dass sie einen Mittelwert von null und eine Standardabweichung von eins aufweisen. Beide Methoden sorgen dafür, dass die Daten gleichmäßig behandelt werden, was die Genauigkeit der nachfolgenden Analyse erhöht.

Ein zentrales Konzept im unüberwachten Lernen ist das Clustering. Beim Clustering werden Datenpunkte in Gruppen oder Cluster eingeteilt, sodass Datenpunkte innerhalb eines Clusters ähnlicher sind als Datenpunkte in anderen Clustern. Eine weit verbreitete Methode des Clustering ist der k-Means-Algorithmus. Dieser Algorithmus teilt die Daten in eine vorgegebene Anzahl von Clustern ein, indem er die Datenpunkte den nächstgelegenen Clusterzentren zuweist. Der k-Means-Algorithmus funktioniert iterativ (wiederholend).

Zu Beginn werden die Clusterzentren zufällig ausgewählt, dann werden die Datenpunkte den nächstgelegenen Zentren zugewiesen und die Clusterzentren werden aktualisiert, um die Distanz der Datenpunkte zu minimieren. Dieser Prozess wird wiederholt, bis eine stabile Clusteraufteilung erreicht ist.

Neben dem k-Means-Algorithmus gibt es weitere Methoden des Clustering. Eine davon ist das hierarchische Clustering, das eine hierarchische Struktur von Clustern erstellt. Diese Methode kann in zwei Hauptarten unterteilt werden: agglomeratives und divisives Clustering. Beim agglomerativen Clustering werden die Datenpunkte schrittweise zu Clustern zusammengefasst, beginnend mit einzelnen Punkten, die iterativ zu größeren Clustern zusammengeführt werden. Beim divisiven Clustering wird hingegen von einem großen Cluster ausgegangen, das in kleinere Cluster aufgeteilt wird. Hierarchisches Clustering bietet eine detaillierte Sicht auf die Beziehungen zwischen Datenpunkten und ermöglicht es, Daten auf verschiedenen Ebenen der Granularität zu gruppieren.

Ein weiteres wichtiges Konzept im unüberwachten Lernen ist die Dimensionsreduktion. Diese Technik zielt darauf ab, die Anzahl der Merkmale in einem Datensatz zu reduzieren, während die wesentlichen Informationen erhalten bleiben. Dies ist besonders nützlich bei der Analyse großer Datensätze. Ein bekanntes Verfahren zur Dimensionsreduktion ist die Hauptkomponentenanalyse (PCA). PCA transformiert die Daten in eine neue Basis, in der die Dimensionen die größte Varianz der Daten erklären. Die Daten werden dabei auf eine kleinere Anzahl von Dimensionen reduziert, was die Analyse und Visualisierung der Daten erleichtert. Diese Methode hilft dabei, komplexe Datensätze verständlicher zu machen und die wesentlichen Informationen hervorzuheben.

Eine weitere Methode zur Dimensionsreduktion ist die t-distributed Stochastic Neighbor Embedding (t-SNE). t-SNE ist besonders nützlich für die Visualisierung hochdimensionaler Daten in zwei oder drei Dimensionen. Diese Technik erhält die lokalen Strukturen der Daten besser als andere Methoden und hilft dabei, Muster und Strukturen sichtbar zu machen, die ansonsten schwer zu erkennen wären. t-SNE kann verwendet werden, um Ähnlichkeiten zwischen Datenpunkten hervorzuheben und Unterschiede zwischen verschiedenen Datenpunkten zu verdeutlichen, was die Interpretation und das Verständnis von komplexen Daten erleichtert.

Das Assoziationsregel-Lernen ist eine weitere wichtige Technik im unüberwachten Lernen. Diese Methode wird verwendet, um interessante Beziehungen oder Regelmäßigkeiten in großen Datensätzen zu entdecken. Ein bekanntes Beispiel für Assoziationsregel-Lernen ist die Analyse von Kaufverhalten im Einzelhandel, bei der ermittelt wird, welche Produkte häufig zusammen gekauft werden. Der Apriori-Algorithmus ist ein weit verbreitetes Verfahren zur Identifizierung von häufigen Itemsets und zur Ableitung von Assoziationsregeln. Der Algorithmus sucht nach häufigen Kombinationen von Items und erstellt Regeln, die die Wahrscheinlichkeit angeben, mit der bestimmte Items gemeinsam auftreten. Diese Regeln können verwendet werden, um Kaufverhalten zu verstehen, Marketingstrategien zu entwickeln und gezielte Angebote zu erstellen.

Im Bereich der Kreativbranche bietet unüberwachtes Lernen zahlreiche Anwendungsmöglichkeiten. Ein Beispiel ist die Analyse und Kategorisierung von Kunstwerken. Durch Clustering können Kunstwerke nach Stilen, Themen oder Ähnlichkeiten gruppiert werden. Dies erleichtert es Museen und Galerien, Kunstwerke zu organisieren, gezielte Ausstellungen zu kuratieren und dem Publikum maßgeschneiderte Informationen zu bieten. Clustering-Techniken können auch dazu verwendet werden, neue Kunsttrends zu identifizieren und zu verstehen, wie verschiedene Kunstwerke miteinander verbunden sind. Diese Erkenntnisse können Künstlern und Kuratoren helfen, ihre Arbeiten gezielt zu präsentieren und zu vermarkten.

In der Musikproduktion kann die Dimensionsreduktion dazu beitragen, musikalische Merkmale zu extrahieren und zu analysieren. Durch die Reduktion der Daten auf eine geringere Anzahl von Dimensionen können Muster in verschiedenen Musikstilen oder Künstlerpräferenzen erkannt werden. Diese Technik ermöglicht es, neue Trends oder innovative Ansätze in der Musikproduktion zu entdecken und zu verstehen. Unüberwachtes Lernen kann auch verwendet werden, um Musikempfehlungen zu erstellen, indem Muster in den musikalischen Vorlieben der Nutzer analysiert werden. Dies kann zu personalisierten Musikempfehlungen führen, die den individuellen Vorlieben der Nutzer entsprechen.

Im Bereich des Designs kann unüberwachtes Lernen dabei helfen, neue Designtrends zu identifizieren. Durch die Analyse von Designdaten können Cluster von Designs gefunden werden, die ähnliche Stile, Themen oder Farbschemata aufweisen. Diese Erkenntnisse helfen Designern, aktuelle Trends zu erkennen und innovative Designs zu entwickeln, die den neuesten Entwicklungen entsprechen. Unüberwachtes Lernen kann auch verwendet werden, um Designvorlieben der Nutzer zu analysieren und personalisierte Designempfehlungen zu erstellen.

In der Textanalyse kann unüberwachtes Lernen verwendet werden, um große Mengen an Textdaten zu organisieren und zu analysieren. Durch Clustering von Texten nach Themen oder Genres können große Textmengen effizient kategorisiert und analysiert werden. Dimensionsreduktionstechniken wie PCA können dabei helfen, hochdimensionale Textdaten zu visualisieren und Muster in den Themen und Stilen der Texte zu erkennen. Diese Techniken sind besonders nützlich für Verlage, Autoren und Forscher, die große Datenmengen durchsehen und kategorisieren müssen.

Unüberwachtes Lernen bietet auch neue Möglichkeiten zur Personalisierung von Inhalten. Durch die Analyse von Nutzerverhalten und -präferenzen können personalisierte Empfehlungen erstellt werden, die auf den individuellen Vorlieben basieren. Dies ist besonders relevant in Bereichen wie E-Commerce, sozialen Netzwerken und Medienplattformen. Die Fähigkeit, individuelle Vorlieben zu erkennen und maßgeschneiderte Inhalte oder Produkte anzubieten, kann den Erfolg und die Relevanz von Angeboten in der Kreativbranche erheblich steigern.

Zusammenfassend lässt sich sagen, dass unüberwachtes Lernen eine vielseitige Methode ist, die wertvolle Erkenntnisse aus unstrukturierten Daten gewinnt. Die Techniken des unüberwachten Lernens – von

Clustering und Dimensionsreduktion bis hin zu Assoziationsregel-Lernen – bieten vielfältige Anwendungsmöglichkeiten in der Kreativbranche. Sie ermöglichen es, Muster zu erkennen, Trends zu identifizieren und innovative Ansätze zu entwickeln. Im nächsten Modul werden wir uns mit dem verstärkenden Lernen befassen, einer weiteren wichtigen Methode des maschinellen Lernens. Wir werden untersuchen, wie verstärkendes Lernen zur Optimierung von Entscheidungsfindungen beitragen kann und welche konkreten Anwendungen und Herausforderungen es im Kontext der Kreativbranche gibt.

Modul 4: Verstärkendes Lernen

Willkommen im vierten Modul des Kurses „Künstliche Intelligenz in der Kreativbranche". In diesem Modul werden wir uns intensiv mit dem Konzept des verstärkenden Lernens befassen. Diese Methode des maschinellen Lernens basiert auf einem Belohnungs- und Bestrafungssystem und eignet sich besonders gut für Szenarien, in denen ein Agent durch Interaktionen mit seiner Umgebung lernt und seine Handlungen optimiert, um bestimmte Ziele zu erreichen.

Verstärkendes Lernen unterscheidet sich von anderen Lernmethoden durch seine einzigartige Herangehensweise an die Problemlösung. Der Kern des verstärkenden Lernens liegt in der Interaktion des Agenten mit seiner Umgebung, bei der der Agent durch Ausprobieren von Handlungen und das Sammeln von Feedback lernt, welche Handlungen zu den besten Ergebnissen führen. Diese Methode eignet sich besonders gut für komplexe Aufgaben, bei denen die besten Handlungen nicht im Voraus bekannt sind und durch kontinuierliches Lernen und Anpassung ermittelt werden müssen.

Der erste wichtige Aspekt des verstärkenden Lernens ist das Verständnis der Begriffe Zustände, Aktionen und Belohnungen. Ein Zustand beschreibt die aktuelle Situation oder das Umfeld, in dem sich der Agent befindet. Die Aktion ist die Entscheidung oder Handlung, die der Agent in einem bestimmten Zustand ausführt. Jede Aktion führt zu einem neuen Zustand und erzeugt eine Belohnung oder Bestrafung, die die Qualität der Aktion bewertet. Diese Rückmeldung dient als

Anhaltspunkt für den Agenten, um seine zukünftigen Handlungen zu optimieren. Das Ziel des Agenten ist es, eine Strategie zu entwickeln, die langfristig die höchsten Belohnungen maximiert und die Bestrafungen minimiert.

Die Entwicklung einer Strategie, auch Policy genannt, ist ein zentraler Bestandteil des verstärkenden Lernens. Die Policy beschreibt, wie der Agent in verschiedenen Zuständen handeln soll, um die besten Ergebnisse zu erzielen. Eine Policy kann deterministisch oder stochastisch sein. Bei einer deterministischen Policy wird für jeden Zustand eine spezifische Aktion festgelegt, während bei einer stochastischen Policy Wahrscheinlichkeiten für jede mögliche Aktion angegeben werden. Die Policy wird kontinuierlich angepasst, basierend auf den Erfahrungen und dem Feedback aus der Umgebung. Diese kontinuierliche Anpassung ermöglicht es dem Agenten, sich an veränderte Bedingungen anzupassen und seine Strategie zu verbessern.

Ein weit verbreiteter Algorithmus im verstärkenden Lernen ist Q-Learning. Q-Learning ist ein modellfreies Verfahren, das es dem Agenten ermöglicht, die Qualität von Aktionen in verschiedenen Zuständen zu lernen, ohne ein Modell der Umgebung zu benötigen. Der Algorithmus verwendet eine Q-Tabelle, in der die Werte für mögliche Aktionen in verschiedenen Zuständen gespeichert werden. Der Agent wählt eine Aktion basierend auf diesen Werten aus, führt die Aktion aus und erhält eine Belohnung. Die Q-Tabelle wird anschließend aktualisiert, um den Wert der gewählten Aktion zu reflektieren. Dieser iterative Prozess wird fortgesetzt, bis der Agent eine optimale Strategie entwickelt hat, die die maximalen Belohnungen bietet.

Das Deep Q-Network (DQN) ist eine Erweiterung des klassischen Q-Learning, die tiefe neuronale Netzwerke verwendet, um die Q-Werte zu approximieren. Dies ist besonders nützlich, wenn die Anzahl der Zustände und Aktionen sehr groß ist und es unpraktisch wäre, eine Q-Tabelle zu verwenden. Das neuronale Netzwerk wird trainiert, um die Q-Werte für verschiedene Zustände und Aktionen vorherzusagen.

Durch den Einsatz von tiefem Lernen kann DQN komplexe und hochdimensionale Probleme bearbeiten und eine effektive Strategie entwickeln. Diese Methode hat sich in vielen anspruchsvollen Anwendungen bewährt, darunter Spiele und Robotik, wo große Zustandsräume und komplexe Entscheidungsprozesse vorkommen.

Ein weiteres bedeutendes Verfahren im verstärkenden Lernen ist das Policy-Gradient-Verfahren. Im Gegensatz zu Q-Learning, das die Werte von Aktionen lernt, fokussiert sich das Policy-Gradient-Verfahren direkt auf die Entwicklung der Strategie des Agenten. Das Policy-Gradient-Verfahren verwendet häufig neuronale Netzwerke zur Modellierung der Policy. Während des Trainings wird die Policy kontinuierlich angepasst, um die Belohnung zu maximieren. Diese Methode ist besonders vorteilhaft für Probleme mit kontinuierlichen Aktionsräumen oder bei komplexen Umgebungen, bei denen die direkte Modellierung der Strategie von Vorteil ist. Das Policy-Gradient-Verfahren ermöglicht es dem Agenten, direkt auf die Strategie zuzugreifen und diese kontinuierlich zu verbessern.

Ein praktisches Beispiel für die Anwendung von verstärkendem Lernen in der Kreativbranche ist die automatisierte Musikkomposition. Hierbei wird ein verstärkender Lernalgorithmus verwendet, um Musikstücke zu erstellen, die den Vorlieben und dem Geschmack der Zuhörer entsprechen. Der Algorithmus experimentiert mit verschiedenen musikalischen Elementen wie Melodien, Harmonien und Rhythmen. Durch das Sammeln von Rückmeldungen zur Beliebtheit und Akzeptanz der komponierten Stücke passt der Algorithmus seine Strategien an und entwickelt so Musikstücke, die komplex und ansprechend sind. Dies ermöglicht es, personalisierte Musik zu erstellen, die den emotionalen Vorlieben der Zuhörer entspricht.

In der bildenden Kunst kann verstärkendes Lernen genutzt werden, um kreative Kunstwerke zu schaffen. Ein Algorithmus kann durch das Testen verschiedener Kunsttechniken, Farben und Stile lernen, welche Kombinationen besonders ansprechend sind. Dieser Lernprozess erfolgt durch das Sammeln von Feedback von Betrachtern und die kontinuierliche Anpassung der Kunstwerke. Dadurch können stets neue und innovative Kunstwerke entwickelt werden, die den ästhetischen Ansprüchen und Vorlieben der Zielgruppe entsprechen. Die kontinuierliche Anpassung und Verbesserung ermöglicht es, Kunstwerke zu schaffen, die emotional ansprechend und visuell beeindruckend sind.

Im Designbereich kann verstärkendes Lernen dazu beitragen, neue Designkonzepte zu entwickeln. Ein Algorithmus kann durch das Testen verschiedener Designvarianten und das Sammeln von Feedback zur Benutzerfreundlichkeit, Ästhetik und Funktionalität lernen. Auf Basis dieses Feedbacks kann der Algorithmus optimale Designlösungen finden, die den Bedürfnissen und Vorlieben der Nutzer gerecht werden. Diese Methode ist besonders nützlich in der Produktgestaltung und der Entwicklung von Benutzeroberflächen, wo das Nutzerfeedback eine zentrale Rolle spielt. Durch die Anwendung von verstärkendem Lernen können Designs entwickelt werden, die sowohl funktional als auch ästhetisch ansprechend sind.

Im Film- und Videobereich kann verstärkendes Lernen verwendet werden, um innovative Schnitt- und Bearbeitungstechniken zu entwickeln. Ein Algorithmus kann lernen, wie verschiedene Schnitttechniken und Effekte die Zuschauererfahrung beeinflussen. Durch das Testen verschiedener Bearbeitungsstile und das Sammeln von Feedback zur Wirkung der Szenen kann der Algorithmus optimale Bearbeitungsstrategien entwickeln, die die gewünschte emotionale und narrative Wirkung erzielen. Diese Technik hilft, neue kreative Ansätze in der Filmproduktion zu finden und die Qualität des Endprodukts zu verbessern.

Zusätzlich kann verstärkendes Lernen im Marketingbereich eingesetzt werden, um Kampagnen zu optimieren. Ein Algorithmus kann verschiedene Marketingstrategien testen und anhand der Rückmeldungen zur Effektivität lernen, welche Kampagnen die besten Ergebnisse liefern. Dies ermöglicht eine kontinuierliche Verbesserung der Marketingstrategien und eine gezielte Anpassung an die Zielgruppe, was zu besseren Ergebnissen und höherem Engagement führt. Die Anwendung von verstärkendem Lernen im Marketing hilft, personalisierte und effektive Kampagnen zu erstellen, die auf die Bedürfnisse der Kunden abgestimmt sind.

Eine weitere interessante Anwendung des verstärkenden Lernens ist die Erstellung personalisierter Empfehlungen. In E-Commerce-Websites oder Streaming-Diensten kann ein Algorithmus lernen, welche Produkte oder Inhalte für jeden einzelnen Nutzer am relevantesten sind. Der Algorithmus analysiert das Nutzerverhalten und die Vorlieben und passt seine Empfehlungen kontinuierlich an, um ein personalisiertes Erlebnis zu bieten. Dies führt zu einer besseren Nutzerzufriedenheit und erhöht die Wahrscheinlichkeit, dass die Empfehlungen positiv aufgenommen werden. Die personalisierte Empfehlung verbessert das Nutzererlebnis und kann die Bindung und Zufriedenheit der Kunden erhöhen.

Im Bereich des kreativen Schreibens kann verstärkendes Lernen genutzt werden, um neue und innovative Texte und Geschichten zu entwickeln. Ein Algorithmus kann lernen, welche narrativen Strukturen und stilistischen Mittel die Lesererfahrung verbessern. Durch das Experimentieren mit verschiedenen Schreibtechniken und das Sammeln von Feedback zu den Texten kann der Algorithmus fesselnde und ansprechende Geschichten erstellen, die den Interessen der Leser entsprechen. Diese Methode ermöglicht es, qualitativ hochwertige Texte zu generieren, die den Bedürfnissen und Erwartungen des Publikums gerecht werden.

Zusammenfassend lässt sich sagen, dass verstärkendes Lernen eine leistungsstarke Methode darstellt, die es Agenten ermöglicht, durch kontinuierliche Interaktion mit ihrer Umgebung zu lernen und ihre Entscheidungsstrategien zu optimieren. Die Konzepte von Zuständen, Aktionen, Belohnungen und Strategien sind zentral für das Verständnis und die Anwendung des verstärkenden Lernens. Algorithmen wie Q-Learning, Deep Q-Networks und Policy-Gradient-Verfahren bieten effektive Werkzeuge zur Entwicklung und Verbesserung von Entscheidungsstrategien. Die Anwendung von verstärkendem Lernen in der Kreativbranche eröffnet zahlreiche Möglichkeiten zur Schaffung innovativer Kunstwerke, Musikstücke, Designkonzepte und Marketingstrategien. Im nächsten Modul werden wir uns mit den ethischen und gesellschaftlichen Auswirkungen der KI-Technologien beschäftigen und untersuchen, wie diese Technologien verantwortungsbewusst eingesetzt werden können.

Modul 5: Generative Modelle

Willkommen zum fünften Modul unseres Kurses „Künstliche Intelligenz in der Kreativbranche". In diesem Modul werden wir uns umfassend mit generativen Modellen beschäftigen. Diese fortschrittlichen KI-Technologien spielen eine zentrale Rolle in der kreativen Inhaltserzeugung und revolutionieren die Art und Weise, wie Inhalte in der Kunst, im Design, in der Musikproduktion und darüber hinaus geschaffen werden. Generative Modelle sind in der Lage, neue Inhalte zu erzeugen, indem sie Muster und Strukturen aus bestehenden Daten lernen. Diese Fähigkeiten eröffnen vielfältige Möglichkeiten für kreative Prozesse und bieten neue Wege zur Innovation.

Generative Modelle unterscheiden sich von diskriminativen Modellen, die darauf abzielen, Daten in verschiedene Kategorien einzuordnen. Während diskriminative Modelle lernen, wie man zwischen verschiedenen Klassen von Daten unterscheidet, konzentrieren sich generative Modelle darauf, die zugrunde liegende Verteilung der Daten zu erfassen. Dies ermöglicht es ihnen, neue Datenpunkte zu erzeugen, die der gelernten Verteilung entsprechen. Die Fähigkeit, neue Daten zu generieren, ist besonders wertvoll für kreative Anwendungen, da sie es ermöglicht, originelle und innovative Inhalte zu schaffen. Diese Modelle sind in der Lage, neue und einzigartige Daten zu produzieren, die auf bestehenden Mustern basieren, was sie zu einem leistungsstarken Werkzeug für Künstler und Designer macht.

Eine der bekanntesten Arten von generativen Modellen sind die Generativen Gegenübernetzwerke, auch GANs genannt. GANs bestehen aus zwei Netzwerken: dem Generator und dem Diskriminator. Der Generator erstellt neue Datenproben, die möglichst realistisch erscheinen sollen. Der Diskriminator bewertet diese Proben und entscheidet, ob sie echt oder vom Generator erstellt wurden. Beide Netzwerke arbeiten in einem ständigen Wettbewerb. Der Generator versucht, immer realistischere Daten zu erstellen, während der Diskriminator immer besser darin wird, zwischen echten und gefälschten Daten zu unterscheiden. Dieser Wettbewerb führt dazu, dass die Qualität der generierten Daten kontinuierlich verbessert wird. GANs haben die Kunst und das Design revolutioniert, indem sie es ermöglichen, neue und originelle Inhalte zu schaffen, die sowohl innovativ als auch qualitativ hochwertig sind.

Eine spezielle Form der GANs sind die Deep Convolutional Generative Adversarial Networks, bekannt als DCGANs. DCGANs nutzen tiefe Faltungsschichten, um detailliertere und komplexere Datenproben zu erzeugen. Diese Netzwerke sind besonders effektiv bei der Generierung von Bildern. Sie haben bedeutende Fortschritte in der Bildqualität ermöglicht und sind in der Lage, Bilder mit beeindruckender Detailtreue und visueller Klarheit zu erzeugen. Durch die Anwendung von DCGANs können Künstler und Designer Bilder erzeugen, die in verschiedenen kreativen Anwendungen wie Kunst, Werbung und Mode verwendet werden können. Diese Netzwerke haben die Möglichkeit eröffnet, visuelle Inhalte zu erstellen, die sowohl technisch anspruchsvoll als auch ästhetisch ansprechend sind.

Ein weiteres wichtiges generatives Modell sind die Variational Autoencoder, kurz VAEs. VAEs bestehen aus zwei Hauptkomponenten: dem Encoder und dem Decoder. Der Encoder komprimiert die Eingabedaten in eine niedrigdimensionale latente Repräsentation, die die wesentlichen Merkmale der Daten erfasst. Der Decoder verwendet diese latente Repräsentation, um die ursprünglichen Daten zu rekonstruieren. VAEs lernen die Verteilung der Daten und sind in der Lage, neue Datenproben zu erzeugen, die den gelernten Mustern entsprechen. Diese Technologie ist besonders nützlich in der Bildbearbeitung, Musikproduktion und in anderen kreativen Bereichen, da sie es ermöglicht, neue und originelle Inhalte zu generieren oder bestehende Inhalte zu verändern. VAEs können beispielsweise verwendet werden, um neue Designkonzepte zu entwickeln oder bestehende Designs zu modifizieren.

In der Musikproduktion haben generative Modelle wie Recurrent Neural Networks (RNNs) und Long Short-Term Memory (LSTM)-Netzwerke bedeutende Fortschritte ermöglicht. Diese Netzwerke können musikalische Muster und Strukturen lernen und neue Musikstücke komponieren. Durch das Training mit vorhandenen Musikdaten können diese Modelle neue Melodien, Harmonien und Rhythmen generieren, die sowohl kreativ als auch technisch anspruchsvoll sind. Dies bietet Komponisten und Musikern die Möglichkeit, innovative Musikstücke zu erstellen und ihren kreativen Prozess zu erweitern. Generative Modelle können auch dazu beitragen, neue Musikstile zu entwickeln oder bestehende Stile zu kombinieren, um neue Trends in der Musik zu setzen.

Im Bereich des kreativen Schreibens haben generative Modelle wie GPT (Generative Pre-trained Transformer) die Möglichkeit eröffnet, neue Texte zu erstellen, die bestehende Schreibstile und Textstrukturen nachahmen. Diese Modelle können verschiedene Schreibstile erlernen und neue Inhalte erstellen, die für Geschichten, Artikel und andere Textarten verwendet werden können. Die Fähigkeit, realistische und ansprechende Texte zu erstellen, bietet Autoren und Content-Erstellern neue Möglichkeiten, ihre Arbeit zu erweitern und kreative Inhalte zu produzieren. GPT-Modelle, wie ChatGPT, können verwendet werden, um Texte für unterschiedliche Zwecke automatisch zu generieren, von kreativen Erzählungen bis hin zu technischen Artikeln. Dies ermöglicht es, den Schreibprozess effizienter und kreativer zu gestalten.

In der visuellen Kunst bieten generative Modelle die Möglichkeit, neue Kunstwerke zu schaffen oder bestehende Werke zu verändern. Technologien wie StyleGAN ermöglichen es Künstlern, neue Stile und Designs zu entwickeln, indem sie bestehende Kunstwerke analysieren und originelle Inhalte generieren. Diese Modelle können dazu beitragen, innovative und einzigartige Kunstwerke zu schaffen, die sowohl ästhetisch ansprechend als auch kreativ sind. Beispielsweise können Künstler StyleGAN nutzen, um neue Porträts oder Landschaften zu erstellen, die auf den Stilen berühmter Künstler basieren oder neue visuelle Stile entwickeln. Diese Modelle erweitern die Möglichkeiten des künstlerischen Ausdrucks und eröffnen neue Wege zur Erschaffung einzigartiger visueller Konzepte.

Im Designbereich haben generative Modelle ebenfalls weitreichende Anwendungen. Designer können diese Modelle verwenden, um neue Produktdesigns und visuelle Konzepte zu entwickeln. Durch das Lernen von Designprinzipien und -mustern können generative Modelle innovative und funktionale Designs erstellen, die den Anforderungen der Zielgruppe entsprechen. Diese Technologie ermöglicht es Designern, kreativere und vielseitigere Produkte zu entwickeln und neue Designtrends zu setzen. Generative Designmodelle können auch verwendet werden, um funktionale Prototypen zu erstellen, die sowohl ästhetisch ansprechend als auch praktisch sind. Diese Modelle können verwendet werden, um neue Möbelstücke, Haushaltsgegenstände oder andere Produkte zu entwerfen, die die Effizienz und Ästhetik verbessern.

In der Modebranche bieten generative Modelle die Möglichkeit, neue Kleidungsstile und Modekollektionen zu entwickeln. Algorithmen können verwendet werden, um neue Muster, Farben und Designs zu erstellen, die den aktuellen Modetrends entsprechen oder neue Trends setzen. Diese Technologie ermöglicht es Modehäusern, kreative und innovative Kollektionen zu präsentieren, die den Geschmack und die Vorlieben der Kunden widerspiegeln. Generative Modelle können auch für virtuelle Modekataloge oder personalisierte Modeempfehlungen verwendet werden. Dies gibt Modeunternehmen die Möglichkeit, ihren Kunden maßgeschneiderte Modeangebote zu präsentieren und den Modeprozess zu revolutionieren.

In der Architektur bieten generative Modelle die Möglichkeit, neue und originelle Gebäudeentwürfe zu entwickeln. Algorithmen können bestehende Architekturstile analysieren und neue Designkonzepte erstellen, die sowohl funktional als auch ästhetisch ansprechend sind. Dies unterstützt Architekten dabei, innovative und kreative Gebäudeentwürfe zu entwickeln, die den Anforderungen der modernen Stadtplanung entsprechen. Generative Architekturmodelle können auch verwendet werden, um nachhaltige und energieeffiziente Gebäudeentwürfe zu erstellen, die den ökologischen Anforderungen gerecht werden. Diese Technologie kann dazu beitragen, neue Ansätze für umweltfreundliches Bauen zu entwickeln und die Architekturbranche zu revolutionieren.

In der Film- und Videoproduktion können generative Modelle verwendet werden, um neue Szenen, Effekte und visuelle Stile zu erstellen. Diese Technologie ermöglicht es, kreative und innovative Ansätze in der Produktion zu finden und die visuelle Qualität von Filmen und Videos zu verbessern. Durch die Anwendung von generativen Modellen können Filmemacher neue und ansprechende visuelle Inhalte erstellen, die das Publikum begeistern und fesseln. Generative Modelle können auch bei der Erstellung von visuellen Effekten und Animationen verwendet werden, um beeindruckende und realistische Effekte zu erzielen. Diese Technologie kann dazu beitragen, neue Filmgenres zu entwickeln und das visuelle Storytelling zu erweitern.

Ein weiteres interessantes Anwendungsgebiet für generative Modelle ist die Erstellung virtueller Welten und Umgebungen für die Gaming-Industrie. Algorithmen können verwendet werden, um abwechslungsreiche und komplexe Spielwelten zu erstellen, die den Spielern eine große Vielfalt an Erkundungsmöglichkeiten bieten. Diese

Technologie ermöglicht es, immersive und realistische Spieleerlebnisse zu schaffen, die sowohl ansprechend als auch unterhaltsam sind. Generative Modelle können auch verwendet werden, um dynamische und interaktive Spielelemente zu erstellen, die das Spielerlebnis verbessern und die Spielerbindung erhöhen. Dies führt zu neuartigen Spielkonzepten und innovativen Gameplay-Mechaniken, die das Gaming-Erlebnis bereichern.

Zusammenfassend lässt sich sagen, dass generative Modelle eine bedeutende Rolle in der Kreativbranche spielen und zahlreiche Möglichkeiten zur Erzeugung neuer und innovativer Inhalte bieten. Die Anwendung von GANs, VAEs und anderen generativen Modellen ermöglicht es, originelle Kunstwerke, Musikstücke, Designs und Texte zu erstellen, die sowohl kreativ als auch qualitativ hochwertig sind. Diese Technologien erweitern die Möglichkeiten für künstlerischen Ausdruck und Innovation und bieten Künstlern und Designern neue Wege, ihre Arbeit zu gestalten und zu erweitern. Im nächsten Modul werden wir uns mit den ethischen und gesellschaftlichen Herausforderungen der KI-Technologien beschäftigen und untersuchen, wie diese Technologien verantwortungsbewusst eingesetzt werden können.

Modul 6: Ethik und Zukunft der Künstlichen Intelligenz in der Kreativbranche

Willkommen zu Modul 6 des Kurses „Künstliche Intelligenz in der Kreativbranche". Dieses Modul widmet sich umfassend den ethischen Fragestellungen und den zukünftigen Entwicklungen der Künstlichen Intelligenz (KI) in der Kreativbranche. Ziel ist es, ein tiefgehendes Verständnis für die Herausforderungen und Chancen zu entwickeln, die der Einsatz von KI in kreativen Berufen mit sich bringt, und wie diese Technologie die Zukunft der Kreativität gestalten könnte.

Ethische Fragestellungen bei der Nutzung von KI

Das erste zentrale Thema sind die ethischen Fragestellungen im Zusammenhang mit der Künstlichen Intelligenz. Ein wichtiger Punkt ist die Frage des geistigen Eigentums und der Urheberschaft. KI-Systeme sind in der Lage, eigenständige kreative Werke zu generieren, die auf bestehenden Kunstwerken oder Inhalten basieren. Diese Fähigkeit wirft bedeutende Fragen auf: Wer ist der rechtmäßige Urheber eines von einer KI geschaffenen Werkes? Der Entwickler des KI-Systems, der Anwender, der das System nutzt, oder die KI selbst? Die bestehenden Urheberrechtsgesetze sind häufig nicht auf die Besonderheiten von KI-Generierungen ausgelegt, was zu Unsicherheiten führt. Daher ist eine umfassende Neubewertung der rechtlichen Rahmenbedingungen erforderlich. Diese könnte die Entwicklung neuer Gesetze oder die Anpassung bestehender Gesetze beinhalten, um den speziellen Anforderungen von KI-gesteuerten Schöpfungen gerecht zu werden. Dies könnte beispielsweise bedeuten, klare Regelungen für die Rechtevergabe und die Anerkennung der Urheberschaft von KI-generierten Inhalten zu schaffen, um die rechtlichen Unsicherheiten zu klären und die Rechte aller Beteiligten zu schützen.

Ein weiterer ethischer Aspekt betrifft die Transparenz der KI-Systeme. Viele KI-Algorithmen sind so komplex, dass ihre Entscheidungsprozesse für den Endnutzer oft schwer nachvollziehbar sind. Diese Intransparenz kann zu einem Mangel an Vertrauen führen und möglicherweise zu Missverständnissen oder Fehlinterpretationen. Die Entwicklung von erklärbarer KI, also von Systemen, deren Entscheidungen und Funktionsweise verständlich gemacht werden können, ist daher von großer Bedeutung. Erklärbare KI hat das Ziel, die inneren Abläufe der KI-Algorithmen offen zu legen und zu erklären, wie bestimmte Ergebnisse zustande kommen. Dies trägt dazu bei, das Vertrauen der Nutzer in die Technologie zu stärken und sicherzustellen, dass die Entscheidungsfindung der KI nachvollziehbar und transparent ist. Ein höheres Maß an Transparenz kann auch dazu beitragen, potenzielle Fehler oder Vorurteile in den Entscheidungen der KI zu identifizieren und zu korrigieren.

Ein weiteres bedeutendes ethisches Problem ist die Verzerrung und Diskriminierung, die in KI-Systemen auftreten können. Da viele KI-Systeme auf historischen Daten basieren, besteht die Gefahr, dass bestehende Vorurteile und Ungerechtigkeiten reproduziert werden. Dies kann besonders problematisch sein, wenn KI-Systeme zur Bewertung oder Entscheidungsfindung in kreativen Prozessen eingesetzt werden. Verzerrte Daten können dazu führen, dass bestimmte Gruppen unfair behandelt oder benachteiligt werden. Um dies zu vermeiden, ist es wichtig, die Trainingsdaten regelmäßig auf Verzerrungen zu überprüfen und sicherzustellen, dass die Algorithmen fair und ausgewogen sind. Die Entwicklung von Algorithmen, die Verzerrungen minimieren und gerechte Ergebnisse liefern, ist entscheidend für eine ethische Nutzung der Technologie. Auch die Schulung der Entwickler in Bezug auf mögliche Verzerrungen und deren Auswirkungen ist ein wichtiger Schritt, um Diskriminierung und Ungerechtigkeiten zu vermeiden.

Auswirkungen von KI auf die Arbeitswelt

Die Einführung von KI in der Kreativbranche hat weitreichende Auswirkungen auf die Arbeitswelt. Einerseits kann KI dazu beitragen, kreative Prozesse zu optimieren und zu beschleunigen. Sie kann Aufgaben automatisieren, die zuvor viel Zeit und Aufwand erforderten, und so den kreativen Freiraum der Mitarbeitenden erweitern. Andererseits kann die Automatisierung auch zu Arbeitsplatzverlusten oder einem veränderten Bedarf an menschlicher Kreativität führen. Es ist daher von entscheidender Bedeutung, den technologischen Wandel aktiv zu gestalten und die Auswirkungen auf die Beschäftigten zu berücksichtigen. Weiterbildungs- und Umschulungsprogramme spielen eine zentrale Rolle, um den Mitarbeitenden die nötigen Fähigkeiten zu vermitteln, um sich an neue Arbeitsanforderungen anzupassen. Die Förderung von kontinuierlichem Lernen und die Unterstützung von Mitarbeitenden bei der Anpassung an neue Technologien sind entscheidend, um den Übergang in eine von KI geprägte Arbeitswelt zu erleichtern. Initiativen wie Förderprogramme, Schulungen und Workshops können dazu beitragen, die Beschäftigten auf die Anforderungen der digitalen Zukunft vorzubereiten und ihre Beschäftigungsfähigkeit zu sichern.

Datenschutz und Sicherheit

Datenschutz und Sicherheit sind wesentliche Themen beim Einsatz von KI. KI-Systeme benötigen oft große Mengen an Daten, die persönliche oder sensible Informationen enthalten können. Es ist daher von großer Bedeutung, umfassende Sicherheitsmaßnahmen zu implementieren, um diese Daten vor Missbrauch und unbefugtem Zugriff zu schützen. Die Einhaltung der Datenschutzbestimmungen muss stets gewährleistet sein. Verantwortungsbewusster Umgang mit Daten ist notwendig, um das Vertrauen der Nutzer zu gewinnen und zu erhalten. Die Implementierung von strengen Datenschutzrichtlinien und Sicherheitsprotokollen ist unerlässlich, um die gesetzlichen Anforderungen zu erfüllen und die Daten der Nutzer zu schützen. Es sollten regelmäßige Sicherheitsüberprüfungen durchgeführt werden, um mögliche Schwachstellen zu identifizieren und zu beheben. Zudem ist es wichtig, dass Unternehmen und Organisationen transparente Informationen über ihre Datenschutzpraktiken bereitstellen, damit die Nutzer genau wissen, wie ihre Daten verwendet und geschützt werden.

Zugänglichkeit und Ungleichheit

Ein bedeutendes Thema ist die Zugänglichkeit und Ungleichheit im Zusammenhang mit KI-Technologien. Die digitale Kluft kann dazu führen, dass bestimmte Bevölkerungsgruppen keinen Zugang zu den Vorteilen von KI haben, was zu einer Ungleichheit bei der Nutzung der Technologie führen kann. Um dies zu verhindern, sind Maßnahmen erforderlich, die den Zugang zu KI-Technologien für alle Menschen verbessern. Bildungs- und Schulungsinitiativen spielen dabei eine zentrale Rolle. Der Abbau der digitalen Kluft ist notwendig, um sicherzustellen, dass alle Menschen von den Vorteilen der KI-Technologie profitieren können. Dazu gehören auch Programme zur Förderung von digitalen Kompetenzen und die Verbesserung der digitalen Infrastruktur. Die Förderung von Chancengleichheit und die Sicherstellung, dass niemand aufgrund fehlender Ressourcen oder Bildung benachteiligt wird, sind entscheidend für eine gerechte Verteilung der Möglichkeiten, die KI bietet. Initiativen zur Unterstützung von benachteiligten Gruppen und zur Verbesserung des Zugangs zu Technologie können dazu beitragen, eine inklusive und gerechte Nutzung von KI zu gewährleisten.

Zukünftige Entwicklungen und Trends

Abschließend betrachten wir die zukünftige Entwicklung der KI in der Kreativbranche. Die rasante Weiterentwicklung der Technologie wird neue Möglichkeiten für kreativen Ausdruck und Innovation eröffnen. Die kontinuierliche Forschung wird voraussichtlich neue KI-Anwendungen hervorbringen, die den kreativen Prozess weiter bereichern. Gleichzeitig müssen ethische und gesellschaftliche Herausforderungen kontinuierlich adressiert werden, um eine verantwortungsvolle Nutzung der Technologie sicherzustellen. Internationale Zusammenarbeit und die Entwicklung globaler Standards sind erforderlich, um eine faire und gerechte Nutzung von KI weltweit zu fördern. Der Austausch von Wissen und Best Practices zwischen Forschern, Entwicklern und Anwendern ist entscheidend, um eine nachhaltige Nutzung der Technologie zu gewährleisten. Die Entwicklung von Richtlinien und Standards, die die verantwortungsvolle Anwendung von KI fördern, wird eine wichtige Rolle spielen, um sicherzustellen, dass die Fortschritte in der Technologie den gesellschaftlichen Bedürfnissen entsprechen und gleichzeitig ethische Standards wahren.

Zusammenfassend lässt sich sagen, dass die Künstliche Intelligenz in der Kreativbranche sowohl enorme Chancen als auch bedeutende Herausforderungen mit sich bringt. Die Technologie bietet großes Potenzial für Innovation und kreativen Ausdruck, doch ist es von entscheidender Bedeutung, dass ihre Anwendung ethischen und gesellschaftlichen Standards entspricht. Die Erkenntnisse aus diesem Kurs sollen dazu beitragen, die Potenziale der KI optimal zu nutzen und gleichzeitig sicherzustellen, dass die Technologie verantwortungsvoll und gerecht eingesetzt wird. Nutzen Sie Ihr neu gewonnenes Wissen, um Ihre kreativen Projekte zu bereichern und innovative Ansätze zu verfolgen. Die Zukunft der Kreativbranche wird zunehmend von der intelligenten und ethischen Nutzung von KI geprägt sein. Seien Sie vorbereitet, die Technologien verantwortungsvoll zu nutzen und aktiv zur Weiterentwicklung der Branche beizutragen. Eine fortlaufende Auseinandersetzung mit den ethischen und praktischen Aspekten der KI wird Ihnen helfen, eine fundierte und bewusste Nutzung der Technologie sicherzustellen und einen positiven Einfluss auf die Zukunft der Kreativität zu nehmen. Die kontinuierliche Reflexion und Anpassung an die sich entwickelnden Technologien wird entscheidend sein, um in der sich wandelnden Landschaft der Kreativbranche erfolgreich zu bleiben.

Fazit und Abschluss

Herzlichen Glückwunsch zum Abschluss des Kurses „Künstliche Intelligenz in der Kreativbranche". Dieser Kurs hat Ihnen nicht nur einen umfassenden Überblick über die zahlreichen Anwendungen von Künstlicher Intelligenz (KI) in der Kreativbranche vermittelt, sondern auch die wichtigsten Herausforderungen und Überlegungen aufgezeigt, die mit der Integration von KI-Technologien verbunden sind. In den vergangenen Lektionen haben Sie eingehend untersucht, wie KI kreative Prozesse transformiert und welche weitreichenden Auswirkungen diese Technologie auf verschiedene Disziplinen hat. Ihr neu erworbenes Wissen wird Ihnen helfen, KI auf eine Weise zu nutzen, die sowohl innovativ als auch ethisch verantwortungsbewusst ist.

Im ersten Modul haben Sie die Rolle der KI in der Musikproduktion kennengelernt. KI hat das Potenzial, die Art und Weise, wie Musik produziert wird, grundlegend zu verändern. Von der Generierung neuer musikalischer Kompositionen bis hin zur Analyse und Optimierung bestehender Werke – KI-gestützte Systeme bieten unzählige Möglichkeiten, kreative Prozesse zu unterstützen und zu erweitern. Die Integration von KI in die Musikproduktion ermöglicht es, komplexe Klänge zu synthetisieren, neue musikalische Genres zu erforschen und personalisierte Klangerlebnisse zu schaffen. Sie haben die Fähigkeit der KI erfahren, musikalische Muster zu erkennen und kreative Impulse zu setzen, die weit über traditionelle Kompositionstechniken hinausgehen.

Im Modul über Kunstproduktion haben Sie entdeckt, wie KI den kreativen Ausdruck in der Kunstwelt beeinflusst. Die Fähigkeit der KI,

Kunstwerke zu erstellen und bestehende Werke zu analysieren, eröffnet Künstlern neue kreative Möglichkeiten. KI-gestützte Tools ermöglichen es, Kunst auf eine Weise zu schaffen, die traditionelle Techniken herausfordert und erweitert. Sie haben gesehen, wie KI bei der Generierung von Kunstwerken helfen kann, indem sie neue Stile und Techniken erforscht und kreative Blockaden überwindet. Die Rolle der KI in der Kunstproduktion ist nicht nur darauf beschränkt, bestehende Techniken zu verbessern, sondern auch darauf, völlig neue Ausdrucksformen zu schaffen.

Das Modul über Design hat Ihnen gezeigt, wie KI den Designprozess revolutionieren kann. Mit Hilfe von KI-gestützten Tools können Designer schneller und effizienter arbeiten, indem sie komplexe Designmuster erstellen und personalisierte Designs entwickeln. Diese Technologien ermöglichen es Designern, kreative Ideen zu testen und zu verfeinern, bevor sie in die Endproduktion übergehen. Die Integration von KI in den Designprozess bietet eine neue Dimension des kreativen Schaffens und eröffnet Designern neue Möglichkeiten zur Optimierung und Innovation. Sie haben gelernt, wie KI-gestützte Systeme bei der Erstellung von Designs helfen können, die auf die spezifischen Bedürfnisse und Vorlieben der Nutzer abgestimmt sind.

Im Bereich Film und Videoproduktion haben Sie gesehen, wie KI-Technologien zur Effizienzsteigerung und zur Verbesserung der kreativen Prozesse beitragen können. KI kann dabei helfen, große Mengen an Videomaterial zu analysieren, relevante Inhalte herauszufiltern und kreative Entscheidungen zu treffen. Die Optimierung von visuellen Effekten und die Unterstützung bei der Erstellung von Storyboards sind weitere Beispiele, wie KI den Filmproduktionsprozess verbessern kann. Sie haben erkannt, wie KI-gestützte Systeme zur Steigerung der Produktionsqualität und zur Reduzierung der Produktionszeiten beitragen können, indem sie komplexe Aufgaben automatisieren und kreative Möglichkeiten erweitern.

Ein wesentlicher Teil des Kurses war die Auseinandersetzung mit den ethischen und gesellschaftlichen Herausforderungen der Nutzung von KI in der Kreativbranche. Die Fragen zum Urheberrecht und geistigen Eigentum sind besonders komplex. Sie haben erfahren, dass die bestehenden rechtlichen Rahmenbedingungen möglicherweise nicht ausreichen, um die neuen Herausforderungen zu bewältigen, die durch KI-gesteuerte Werke aufgeworfen werden. Die Diskussion über die Fairness und Klarheit im Umgang mit Urheberrechten und geistigem Eigentum ist entscheidend, um rechtliche Unsicherheiten zu vermeiden und eine gerechte Nutzung von KI in der Kreativbranche zu gewährleisten.

Die Problematik der Verzerrungen und Diskriminierung in KI-Systemen wurde ebenfalls ausführlich behandelt. KI-Systeme, die auf historischen Daten basieren, können bestehende Vorurteile und Diskriminierungen reproduzieren. Diese Problematik ist besonders relevant, wenn KI in Bereichen eingesetzt wird, in denen die Ergebnisse weitreichende Konsequenzen für Menschen haben können. Sie haben gelernt, dass es notwendig ist, Daten sorgfältig zu prüfen und ethische Richtlinien zu entwickeln, um Verzerrungen zu vermeiden und faire Ergebnisse zu gewährleisten. Der verantwortungsvolle Umgang mit Daten ist entscheidend für die Vermeidung von Diskriminierung und die Sicherstellung gerechter Ergebnisse.

Das Thema der Auswirkungen von KI auf die Arbeitswelt wurde ebenfalls intensiv behandelt. Die Automatisierung durch KI kann sowohl Chancen als auch Herausforderungen mit sich bringen. Während KI-Technologien neue Arbeitsplätze schaffen können, besteht die Notwendigkeit, bestehende Arbeitsplätze zu schützen und den Übergang zu unterstützen. Die Bedeutung von Weiterbildungs- und Umschulungsprogrammen wurde hervorgehoben, um die Auswirkungen von KI auf die Arbeitswelt abzufedern und sicherzustellen, dass die Einführung von KI nicht zu einer Verschlechterung der Arbeitsbedingungen führt. Die Förderung von

Weiterbildungsmaßnahmen und die Anpassung an den technologischen Wandel sind entscheidend, um die Arbeitswelt zukunftssicher zu gestalten.

Ein weiterer wichtiger Punkt, der im Kurs behandelt wurde, ist die Transparenz und Nachvollziehbarkeit von KI-Systemen. Die Fähigkeit, die Entscheidungsprozesse von KI verständlich zu machen, ist entscheidend für das Vertrauen der Nutzer. Methoden der erklärbaren KI bieten Ansätze, um die Funktionsweise von KI-Systemen transparenter zu gestalten und die Nachvollziehbarkeit zu erhöhen. Ein offener und transparenter Umgang mit den Entscheidungsprozessen von KI ist unerlässlich, um das Vertrauen der Nutzer zu stärken und eine faire Nutzung der Technologie zu gewährleisten.

Der Schutz persönlicher Daten und die Einhaltung von Datenschutzbestimmungen sind ebenfalls von großer Bedeutung. KI-Systeme benötigen umfangreiche Daten, die oft persönliche Informationen enthalten. Der Schutz dieser Daten ist von höchster Priorität, um Missbrauch und unbefugten Zugriff zu verhindern. Sie haben gelernt, dass die Implementierung robuster Sicherheitsmaßnahmen und die Einhaltung von Datenschutzbestimmungen notwendig sind, um das Vertrauen der Nutzer zu gewährleisten. Der Schutz persönlicher Daten sollte stets gewährleistet sein, um die Integrität und Sicherheit der Informationen zu sichern.

Das Thema Zugänglichkeit und Ungleichheit wurde ebenfalls angesprochen. Die digitale Kluft, die durch unterschiedliche Zugänge zu KI-Technologien entsteht, kann zu Ungleichheiten führen. Maßnahmen zur Verbesserung des Zugangs und zur Förderung der Chancengleichheit sind notwendig, um sicherzustellen, dass alle von den Vorteilen der KI profitieren können. Bildungs- und Schulungsinitiativen spielen eine entscheidende Rolle dabei, den Zugang zu KI-Technologien für eine breitere Bevölkerung zu erleichtern und so eine gerechte Verteilung der Chancen zu ermöglichen.

Abschließend wurde die Bedeutung der internationalen Zusammenarbeit und der Entwicklung globaler Standards für den Umgang mit KI betont. Verschiedene Länder haben unterschiedliche ethische Standards und gesellschaftliche Normen, die bei der Implementierung von KI-Technologien berücksichtigt werden müssen. Der Austausch von Wissen und die Entwicklung internationaler Best Practices sind entscheidend, um eine verantwortungsvolle und gerechte Nutzung von KI weltweit zu fördern. Internationale Zusammenarbeit kann dazu beitragen, globale Herausforderungen zu bewältigen und eine nachhaltige und faire Nutzung von KI zu gewährleisten.

Zusammenfassend lässt sich sagen, dass die Künstliche Intelligenz die Kreativbranche auf vielfältige Weise bereichert, aber auch bedeutende Herausforderungen mit sich bringt. Die Technologie bietet immense Potenziale für Innovation und kreativen Ausdruck, doch ist es von entscheidender Bedeutung, dass ihre Anwendung ethischen und gesellschaftlichen Standards entspricht. Die im Kurs vermittelten Erkenntnisse sollen Ihnen helfen, die Möglichkeiten der KI optimal zu nutzen und gleichzeitig sicherzustellen, dass die Technologie verantwortungsvoll und gerecht eingesetzt wird.

Nutzen Sie das Wissen aus diesem Kurs, um Ihre kreativen Projekte mit Künstlicher Intelligenz zu bereichern. Verfolgen Sie innovative Ansätze und entwickeln Sie Lösungen, die den ethischen und gesellschaftlichen Erwartungen entsprechen. Ihre Fähigkeit, KI verantwortungsvoll einzusetzen und kreative Projekte erfolgreich umzusetzen, wird Ihnen helfen, einen positiven Beitrag zur Weiterentwicklung der Kreativbranche zu leisten.

Vielen Dank für Ihre Teilnahme an diesem Kurs. Ich hoffe, dass Sie wertvolle Einblicke und Kenntnisse gewonnen haben, die Sie bei Ihren zukünftigen Projekten anwenden können. Die Zukunft der Kreativbranche wird zunehmend von der intelligenten und ethischen Nutzung von KI geprägt sein. Mit dem Wissen und den Werkzeugen, die Sie hier erlangt haben, sind Sie bestens gerüstet, um diese Zukunft aktiv mitzugestalten. Die Reise in die Welt der Künstlichen Intelligenz ist erst der Anfang – nutzen Sie das Wissen, um Ihre Visionen zu verwirklichen und die Möglichkeiten dieser spannenden Technologie voll auszuschöpfen.

Wenn Ihnen dieser Kurs gefallen hat und Sie dadurch auch einen gewissen Mehrwert bekommen haben, würde ich mich sehr freuen, wenn Sie meine Arbeit unterstützen würden.

Dies geht ganz einfach, indem Sie eine kurze, positive Bewertung verfassen und mir 5 Sternchen schenken. :)

Herzlichen Dank und alles Gute wünscht Ihnen
LucieArt

Webseite lucieart.jimdo.com

Hol' dir mein Geschenk für dich - völlig kostenlos

31 Möglichkeiten, dich selbst zum LÄCHELN zu bringen (in englischer Sprache)

Unter www.lnk.bio/LucieArt

Hier findest du auch weitere e-books und Online-Kurse von mir. Mehr Informationen sowie

- spannende Blogartikel
- kostenlose Meditationen
- eine Yoga Nidra Einheit zum Einschlafen- die Schlafmeditation
- von mir selbst gestaltete Motivationskartensets
- & einen tollen Shop mit handgefertigtem Schmuck mit ausgesuchten Edelsteinen

findest du unter www.lucieart.jimdo.com .

Des Weiteren findest du dort eine Verlinkung zu meinem Foto-Shop. Es gibt dort schöne Kunstdrucke, Leinwanddrucke, Gallery Prints, Poster, sowie Grußkarten mit wunderschönen Fotografien und Impressionen aus der Natur.

Folge auch gerne meinen 3 YouTube Kanälen unter

- LucieArt1,

Oder

-Music-for-your-soul-now

Und

-Master-your-mind-now

Wie du siehst gibt es noch einiges zu entdecken, also fühl' dich frei und lass dich am besten gleich weiter inspirieren...

Die in diesem Kurs enthaltenen Informationen sind sorgfältig recherchiert, es wird jedoch keine Gewähr für die Vollständigkeit und Richtigkeit übernommen. Die Haftung der Erstellerin für Personen-, Sach- und Vermögensschäden ist ausgeschlossen!

Hier gibt es noch weitere Bücher, Kurse sowie eine Hördatei von LucieArt, erhältlich unter www.lnk.bio/LucieArt : es folgen Werbung und Informationen zu 5 weiteren Produkten und Büchern von LucieArt:

1. Yoga Nidra Schlafmeditation zum Anhören als Download.

Entspannendes Yoga Nidra zum Einschlafen.

Diese geführte Einheit Yoga Nidra bringt Dich zurück in Deinen Körper. Die ruhige und ausgleichende Stimme von LucieArt trägt Dich durch eine transformierende Einheit des "Schlaf-Yogas". Am Ende findest Du tiefenentspannt in einen erholsamen Schlaf.

Mit dem Kauf dieser Einheit erhältst Du die Yoga Nidra Schlafmeditation zum Download und kannst sie egal wo und egal wann und so oft Du möchtest durchführen, auch offline, wenn Du mal kein Internet zur Verfügung haben solltest.

42 Minuten Tiefenentspannung für einen erholsamen Schlaf.

Yoga Nidra ist eine Yoga-Technik, mit der tiefere Bewusstseinsschichten erreicht werden sollen. Durch völlige Tiefenentspannung bei klarem Bewusstsein soll ein psychischer Schlaf erreicht werden.

Buchempfehlungen:

2. **Herzschlag der Nacht: Eine Liebe, die Grenzen überwindet**

„Eine Liebe, die die Dunkelheit besiegt und das Licht der Hoffnung entfesselt"

Tauche ein in **„Herzschlag der Nacht: Eine Liebe, die Grenzen überwindet"**, ein fesselnder historischer Thriller, der dich von den mysteriösen Gassen von Paris bis zu den geheimnisvollen Ruinen Ägyptens führt. Erlebe ein atemberaubendes Abenteuer voller Spannung, Romantik und Geheimnisse, das dein Herz höherschlagen lässt und deine Seele fesselt.

Adrian, ein entschlossener Ermittler mit einem geheimnisvollen Vergangenheitsgeheimnis, und Emma, eine brillante Historikerin, die tief in die alten Legenden und Mythen eingetaucht ist, finden sich in einem Wettlauf gegen die Zeit wieder. Gemeinsam decken sie eine jahrhundertealte Verschwörung auf und kämpfen gegen einen finsteren Orden, der die Welt ins Chaos stürzen will.

Was erwartet dich in diesem epischen Abenteuer?

- **Fesselnde Spannung und Nervenkitzel:** Ein mitreißender Thriller voller überraschender Wendungen und atemberaubender Action.

- **Herzzerreißende Romantik:** Eine bewegende Liebesgeschichte, die sich durch Mut, Gefahr und Abenteuer entfaltet.

- **Historische Entdeckungen:** Erlebe historische Abenteuer in der faszinierenden Welt von Paris und Ägypten.

- **Geheimnisse und Verschwörungen:** Ein tiefgründiges Mysterium, das dich in eine Welt voller dunkler Geheimnisse und geheimer Orden entführt.

- **Epische Kämpfe für das Gute:** Ein inspirierender Kampf gegen das Böse, bei dem Freundschaft, Loyalität und wahre Liebe auf die ultimative Probe gestellt werden.

„Herzschlag der Nacht" ist das perfekte Buch für Liebhaber von historischen Thrillern, spannenden Abenteuerromanen und romantischen Geschichten mit einer tiefgründigen Handlung. Begleite Adrian und Emma auf ihrer Reise durch eine Welt voller Gefahren und entdecke, wie Liebe selbst die dunkelsten Zeiten erhellen kann.

Bereite dich auf ein unvergessliches Leseerlebnis vor, das dich bis zur letzten Seite fesseln wird!

3. **Der Zeitflüsterer:
Die mysteriöse Reise eines Mannes, der die Zeit selbst beeinflussen kann**

Erlebe den Nervenkitzel von „Der Zeitflüsterer: Die mysteriöse Reise eines Mannes, der die Zeit selbst beeinflussen kann" – ein fesselnder Thriller, der dich auf eine packende Reise durch Raum und Zeit mitnimmt.

Alexander, ein scheinbar gewöhnlicher Mann, entdeckt plötzlich, dass er die Fähigkeit besitzt, die Zeit zu beeinflussen. Was als geheimnisvolle Gabe beginnt, entfaltet sich schnell zu einem verzwickten Netz aus Verschwörungen, Gefahren und ungelösten Rätseln. Als Alexander in die dunklen Geheimnisse der Zeitwächter eintaucht, wird er in einen erbitterten Kampf gegen skrupellose Kräfte verwickelt, die die Weltordnung verändern wollen.

Von den geheimen Katakomben antiker Städte bis zu futuristischen Schauplätzen, jeder Schritt von Alexander enthüllt eine neue Dimension des Thrills. Während er versucht, die Vergangenheit zu bewahren und die Zukunft zu schützen, stehen ihm unerbittliche Feinde gegenüber, die nur ein Ziel verfolgen: den ultimativen Kontrollverlust über die Zeit.

„Der Zeitflüsterer" kombiniert packende Thriller-Elemente mit spannenden Zeitreise- und Verschwörungsthemen. Erlebe, wie Alexander gegen die Uhr kämpft, um die Welt vor einem epochalen Chaos zu bewahren. Ein absolutes Muss für Fans von fesselnden Thrillern, spannungsgeladenen Zeitreise-Geschichten und mysteriösen Verschwörungen.

Tauche ein in diesen mitreißenden Thriller und begleite Alexander auf seiner atemberaubenden Reise durch die Zeit!

Bist du bereit, die Reise deines Lebens anzutreten?

4. **„Die Reise des Inneren Kriegers: Entfalte deine innere Stärke und finde deine Bestimmung"** ist mehr als nur ein Buch – es ist dein persönlicher Begleiter auf dem Weg zu Selbstverwirklichung und innerer Erfüllung.

Erlebe die faszinierende Geschichte eines legendären Kriegers, der sich auf eine epische Reise begibt, um die Geheimnisse des Lebens zu entdecken und seine wahre Bestimmung zu finden. Durch packende Abenteuer und tiefgreifende Prüfungen lernst du die zeitlosen Prinzipien kennen, die ihn zu einem Symbol für Mut, Weisheit und inneres Wachstum machten.

Was dich erwartet:
- **Eine inspirierende Reise zur Selbstverwirklichung:** Begleite den Krieger auf seiner Suche nach Wahrheit und finde heraus, wie du durch Mut und Weisheit deine eigenen Lebensziele erreichen kannst.
- **Tiefgreifende Lebenslektionen:** Entdecke die Lehren der vier Elemente – Erde, Wasser, Feuer und Luft – und erfahre, wie du diese Prinzipien nutzen kannst, um persönliche Herausforderungen zu meistern.
- **Praktische Weisheiten für deinen Alltag:** Die Lektionen des Kriegers bieten dir konkrete Anleitungen, wie du deine innere Stärke entfalten und deine persönliche Bestimmung finden kannst.
- **Ein Leitfaden für deine eigene Reise:** Nutze die Erfahrungen des Kriegers als Inspiration für deine eigene Suche nach Sinn und Erfüllung in deinem Leben.
Für wen ist dieses Buch?
„Die Reise des Inneren Kriegers" ist für jeden, der auf der Suche nach Inspiration und Motivation ist. Ob du dich in einer Phase der Veränderung befindest, nach innerer Klarheit strebst oder einfach neue Wege für persönliches Wachstum entdecken möchtest – dieses Buch ist der Schlüssel zu deiner eigenen Reise zur Selbstverwirklichung.

Beginne deine Reise noch heute. Entfalte deine innere Stärke. Finde deine Bestimmung.

5. Der Wind in ihrem Haar ist die bewegende Geschichte einer jungen Frau, die aus ihrer Komfortzone ausbricht, um die Welt zu entdecken und das wahre Glück zu finden.

Von den üppigen Regenwäldern Costa Ricas über die pulsierenden Rhythmen Brasiliens, den leidenschaftlichen Tango Argentiniens bis hin zu den stillen Weiten Norwegens - jede Etappe ihrer Reise ist ein weiterer Schritt auf dem Weg zu sich selbst.

In Chile trotzt sie den Herausforderungen der Wüste, während sie in Marokko die bunten Märkte und exotischen Gewürze genießt. Die spirituelle Tiefe Sri Lankas und die majestätischen Anden Perus führen sie schließlich zu einer Erkenntnis: Das wahre Glück liegt nicht in der Ferne, sondern tief in ihrem Inneren.

Begleite Marie auf dieser faszinierenden Reise voller Abenteuer, Begegnungen und Selbsterkenntnis. Eine Geschichte über Sehnsucht, Mut und die Freiheit, den eigenen Weg zu gehen.

Erlebe die Welt durch ihre Augen und spüre den Wind in DEINEM Haar...

Vielen Dank fürs Mitmachen,ich hoffe, der Kurs hat dir gefallen und bis bald, alles Liebe ,

LucieArt

Don't miss out!

Visit the website below and you can sign up to receive emails whenever LucieArt publishes a new book. There's no charge and no obligation.

https://books2read.com/r/B-A-DLFZB-XQMPE

Connecting independent readers to independent writers.

Also by LucieArt

www.ingramcontent.com/pod-product-compliance
Lightning Source LLC
Chambersburg PA
CBHW070858070326
40690CB00009B/1894